BEI GRIN MACHT SICH IHR WISSEN BEZAHLT

AF125599

- Wir veröffentlichen Ihre Hausarbeit, Bachelor- und Masterarbeit

- Ihr eigenes eBook und Buch - weltweit in allen wichtigen Shops

- Verdienen Sie an jedem Verkauf

Jetzt bei www.GRIN.com hochladen und kostenlos publizieren

Bibliografische Information der Deutschen Nationalbibliothek:

Die Deutsche Bibliothek verzeichnet diese Publikation in der Deutschen National-
bibliografie; detaillierte bibliografische Daten sind im Internet über http://dnb.d-
nb.de/ abrufbar.

Impressum:

Copyright © 2019 GRIN Verlag
Druck und Bindung: Books on Demand GmbH, Norderstedt Germany
ISBN: 9783346006462

Anonym

Die türkische Sprachreform unter Mustafa Kemal Atatürk

GRIN Verlag

GRIN - Your knowledge has value

Der GRIN Verlag publiziert seit 1998 wissenschaftliche Arbeiten von Studenten, Hochschullehrern und anderen Akademikern als eBook und gedrucktes Buch. Die Verlagswebsite www.grin.com ist die ideale Plattform zur Veröffentlichung von Hausarbeiten, Abschlussarbeiten, wissenschaftlichen Aufsätzen, Dissertationen und Fachbüchern.

Besuchen Sie uns im Internet:

http://www.grin.com/

http://www.facebook.com/grincom

http://www.twitter.com/grin_com

Die türkische Sprachreform unter Mustafa Kemal Atatürk

Inhalt

Einleitung

Die Sprachen sind für denjenigen, der sie spricht oder schreibt, ein individuelles und soziales Kommunikationsmittel. Gleichzeitig grenzen Sprachen auch ab oder aus, insbesondere, wenn sich Sprecher verschiedener Sprache treffen und nicht verstehen, weil beide die Sprache des jeweils anderen nicht sprechen und ihnen keine andere gemeinsame Sprache zur Verfügung steht. Doch auch die Schrift kann eine zusätzliche Hürde darstellen. Unterschiedliche Schriftsysteme kodieren gesprochene Sprache auf unterschiedliche Weise, wodurch sich der Zugriff von einer Sprache auf eine andere schwieriger gestaltet. Die Konfrontation zwischen zwei Arten von Schriftsystemen wird besonders dann deutlich, wenn eine Sprache ihr Schriftsystem ändert und diese Sprache und die dazugehörige Kultur dann über zwei Schriftsysteme verfügt. Genau dieser Fall trat bei der türkischen Sprache ein. Im Rahmen der Schrift- und Sprachrevolution wurde Osmanisch-Türkisch an die lateinische Schrift angepasst und die Sprache wurde turkisiert. Viele türkische Muttersprachler können wissenschaftliche Forschungen nur mithilfe einer Fremdsprache, Übersetzungen ausländischer Werke oder vereinfachter osmanischer Texte durchführen, welche nur geringfügig in die lateinische Schrift übersetzt wurden. Aus diesem Grund nennt Otto Hachtmann sie das „Übersetzervolk des Orients"[1]. Denn hochentwickelten und weitverbreiteten Sprachen der Welt liegen meist sehr alte Sprache zugrunde, die standardisiert wurden. Türkisch hingegen weist in seiner Geschichte keine konkreten, bestimmbaren Zeitabschnitte auf. Der türkische Nationalstaat, der auch das Ergebnis des Ersten Weltkrieges ist und unter der Vorherrschaft einer nationalistischen Idee existiert, bemüht sich derzeit um die Herausbildung einer gemeinsamen Identität und um die Etablierung einer eigenen Nation, die eine eigene Landessprache und eine nationale Kultur umfasst. Die türkische Sprachreform veränderte nicht nur das bestehende soziale, politische und insbesondere kulturelle System von Grund auf, sondern sie verlieh auch der später begonnenen Alphabetisierung dem Land eine besondere Dynamik. Seit 1928 sprach man aufgrund der Rechtslage nur von einer Revolution im sprachlichen Sinn, nicht aber von den ihr vorausgehenden politischen Hintergründen. Die Kontinuität der Sprachrevolution war vor allem der TDK (Türk Dili Kurumu), die Gesellschaft der türkischen Sprache, zu verdanken. Diese galt insbesondere dem Erbe von Mustafa Kemal Atatürk, der nicht nur die TDK gegründet, sondern ihr auch sein gesamtes Vermögen hinterlassen hat. Der Mangel an Sprachpflegeforschung während der Zeit der Osmanen

---

[1] Otto Hachtmann, Europäische Kultureinflüsse in der Türkei. Ein literargeschichtlicher Versuch, Berlin 1918, S. 9.

motivierte den jungen türkischen Staat, in relativ kurzer Zeit eine vorzeitige und endgültige Entscheidung zu treffen: eine Änderung der Schrift und eine Sprachrevolution. Die Wechselwirkung von Politik und Sprache und die Sprachrevolution beschäftigen die Türkei bis heute.

1. Schrift und Sprache als Identitätsfaktor einer Nation

„Der türkische Soziologe Ziya Gökalp definiert Nation als eine Klasse, die durch die gleiche Sprache, Religion, Moral und Kunst eine Einheit bildet. Das heißt: Eine Gesellschaft, die die gleichen Empfindungen und Erziehung genossen hat".[2] „Identität ist ein natürlicher Schlüssel zur subjektiven Realität, und wie alle psychische Realität steht sie in dialektischer Beziehung zur Gesellschaft".[3] Alle Gesellschaften haben ihre Geschichte, in deren Verlauf Menschen eine eigenständige Identität erhalten. Es ist nicht so, dass man sich auf ein neues Alphabet und eine neue Sprache verlässt, um einen unabhängigen und fortschrittlichen Weg einzuschlagen, sondern es geht vor allem darum, ob die Revolution eine neue soziale Struktur schafft und dieser wiederum eine neue Identität verleiht. Das ist das, was wirklich in der türkischen Gesellschaft passiert ist.

Eine neue Gesellschaft hat mit ihrer Sprache und ihrer neu gestalteten und neu begonnenen Geschichte eine Identität, die höchstwahrscheinlich nicht mit der vorherigen identisch ist. Es besteht ein gewisser Wettbewerb zwischen verschiedenen Gesellschaftsklassen und Meinungen. Das trifft auch auf die türkische Gesellschaft zu. Die Gesellschaft ist eine subjektive Realität und eine objektive Konstellation als Ergebnis der Objektivierung menschlicher Erfahrung im sozialen Handeln, im sozialen Leben, in Sprache und in Institutionen. Obwohl Gesellschaft nur durch Menschen existiert, übt sie einen Zwang auf die Einzelpersonen darin aus. So ist die türkische Gesellschaft nach der Neubildung durch die Revolution in dieser Form nur unter dem Druck der sozialen Verhältnisse entstanden.

Die Sprache einer Gesellschaft ist die Erinnerung an gesammelte Erfahrung und Bedeutungen, die behält, um sie an nachfolgende Generationen weiterzugeben. Eine unnatürliche Behinderung der Sprachfähigkeiten, der menschlichen Bedürfnisse und des Transfers von Kulturgütern über Generationen hinweg kann auf Dauer nicht funktionieren. Die Brückenfunktion der Sprache zwischen den Generationen, also der direkte Wissenstransfer zwischen Menschen der gleichen Sprache, wird dadurch reduziert. Die Sprachrevolution in der

---

[2] Ihsan Yilmaz Bayraktarli, Die Türkei im Umbruch. Schrift und Sprache als nationalistisches Politikum in der türkischen Revolution, Frankfurt am Main 2019, S. 69.
[3] Ebda., S. 69.

Türkei ist dafür ein sehr gutes Beispiel. Es handelt sich in erster Linie darum, die Macht über die Menschen auszuüben.

Eine Identitätskrise tritt auf, wenn die Identität, aus welchem Grund auch immer, zu einem Problem wird. Eine Identitätskrise kann sich aus dem Dialekt, der psychologischen Realität und der sozialen Struktur ergeben. Der radikale Wandel in der Türkei führte zu einem Identitätswechsel, da ein Großteil der Bevölkerung erst nach einer neuen Identität suchen musste.

Sprache umfasst alles, was gemeinhin mit den Begriffen Modernisierung, Modernität und Entwicklung assoziiert wird. Eine veraltete Gesellschaft und ihre Sprache zu modernisieren, kann auf sprachlicher Ebene erreicht werden. Die soziale Struktur und Identität des Individuums jedoch kann auf diese Weise von Grund auf zerstört werden. Die Beherrschung durch die Sprache erscheint die ultimative Form der Beherrschung von Menschen, die als hochentwickelte soziale Wesen auf Kommunikation durch Sprache angewiesen sind, so wie jedes Lebewesen auf die Versorgung mit Nahrung und Sauerstoff angewiesen ist. Im klassischen Selbstverständnis einer Revolution und der damit verbundenen neuen Ideologie sind Geschichte und Vergangenheit nutzlos. Es ist egal, was vor einer Revolution passierte, denn für ihre Umsetzung und ihren Erfolg zählt allein die Zukunft. Die Gegenwart enthält nur den revolutionären Akt, der die bisherige Geschichte auflöst und die Tür zur Zukunft öffnet.

Die neue Sprache ist ihrem Wesen nach anfangs schwach und entwickelt sich schnell und stetig, aber aufgrund des Mangels an historischer Tiefe und historischem Erbe mit all dem darin enthaltenen intertextuellen Reichtum, ist sie nicht in allen Bereichen ausreichend. Eine Sprache sollte reich und stabil sein, um mit anderen Kulturen in Kontakt zu treten.

2. Das lateinische Alphabet in der türkischen Welt

Der aktuelle Kenntnisstand zeigt, dass die türkische Sprache seit dem 14. Jahrhundert in lateinischer Schrift verfasst wurde. Die Missionare, die die Komantürken bekehrten, lernten die kumanisch-türkische Sprache und übersetzten mithilfe der lateinischen Schrift verschiedene christliche Hymnen in diese Sprache. Das Türkeitürkisch mit lateinischen Buchstaben wurde erstmals von Filippo Argenti in seinem 1533 entdeckten Werk *Regola del parlare turcho* erfunden, das jedoch erst 1938 präsentiert werden konnte.[4]

---

[4] Vgl.: Ebda., S. 164.

Die Christianisierungsmaßnahmen seit der Zeit Iwans des Schrecklichen im 16. Jahrhundert führten in Russland zur Romanisierung der türkischen Schrift und Sprache unter den Turkstämmen. 1857 wurde erstmals der konkrete Vorschlag für eine Übersetzung der türkischen Sprache von M. Fethali Ahundov aus Aserbaidschan gemacht.

Nach der Gründung der Republik Türkei im Jahr 1923 plädierte die politische Führung, insbesondere Mustafa Kemal Atatürk, für eine moderne, nationale Schrift und Sprache. Schrift und Sprache stellten die letzten Hindernisse dar, die einer gründlichen Sprachplanungsrevolution unterliegen sollten. Die in allen Bereichen des Staates durchgeführten Revolutionen führten jedoch noch nicht zum völligen Ersatz der orientalischen Kultur. Die Brücke in die westliche Welt und ihre bewährte Wissenschaft zu finden und sich von der rückständigen Tradition des Ostens beziehungsweise der türkisch-osmanischen Vergangenheit abzuwenden, war nur mit einer modernen Schriftsprache möglich. Eine lateinische Schrift und eine rein türkische Sprache ohne fremde Lasten waren erforderlich. Mustafa Kemal Atatürk gründete am 26. Juli 1928 in Ankara eine Sprachkommission, die ein lateinisches Alphabet für die türkische Sprache entwickeln sollte.

3. Die Türkifizierung der Sprache

Die Theorien des türkischen Nationalismus, die in den 1920er und 1930er Jahren aufgestellt wurden, waren extrem, aber sie wurden nicht als Teil einer Suche nach der Wahrheit als solcher geschaffen. Sie waren vielmehr Waffen, um die Ziele der Regierung zu erreichen, und sobald sie ihren Zweck erfüllt hatten, wurden sie größtenteils aufgeben. Der türkische Nationalismus ersetzte den Regionalismus und vereinte das türkische Volk in Bezug auf gemeinsame Ziele. Er verhinderte die Klassenkämpfe und die ideologische Spaltung, die zu einer Zeit des raschen Wandels hätten führen können. Es entstand ein Gefühl der nationalen Solidarität anstelle der diskreditierten Ideologien des Osmanismus und des Pan-Islam. Der türkische Nationalismus ermutigte die Türken, ihr eigenes Land zu bauen, ohne aggressive irredentistische Bestrebungen zu fördern. Der türkische Nationalismus war nicht imperialistisch. Er wollte Größe nicht dadurch erreichen, dass er das Land zurückeroberte, das einst von den Osmanen regiert wurde. Das bezog sich auf die Gebiete, in denen immer noch türkische Minderheiten lebten. Die Pan-Türkische Betonung der Jungtürken wurde ebenfalls ignoriert und unterdrückt. Der Schwerpunkt lag nun auf dem Aufbau eines modernen Staates für die Türken innerhalb der durch den Vertrag von Lausanne geschaffenen Grenzen der Republik. Das einzige Ziel der Republik in Bezug auf die verlorenen Gebiete bestand darin sicherzustellen, dass die dort lebenden Türken fair und gerecht behandelt wurden. Ein sehr wichtiges Element des türkischen Nationalismus war die verstärkte Türkifizierung der Sprache unter Führung der türkischen Sprachgesellschaft (Türk Dili Kurumu).[5]

Im Laufe des Jahres 1928 wurde anstelle des arabischen Alphabets das Lateinische eingeführt und eine Sprachkommission eingesetzt, um die türkische Sprache von Überlagerungen mit persischen und arabischen Wörtern zu befreien. Beiden Reformen waren im 19. Jahrhundert und während der Herrschaft der jungen Türken ähnliche Anstrengungen vorausgegangen, aber den schüchternen Ansätzen waren niemals tiefgreifende Veränderungen gefolgt, da die islamischen Erzieher in den bestehenden Koranschulen diese ‚Gottlosigkeit' nicht tolerierten, weil die arabische Sprache die heilige Sprache des Propheten und des Korans war. Die Umerziehung durch Mustafa Kemal Atatürk betraf damals zwar nur die etwa 20 Prozent der gebildeten Bevölkerung, sie bedeutete jedoch eine allmähliche Entfremdung von der eigenen Literatur und den historischen Dokumenten, die später noch durch Übersetzungen verstanden werden konnten. Atatürks große Rede musste auch für jüngere Generationen ins neuere Türkisch übersetzt werden.[6]

1932 wurde auf Weisung des damaligen Präsidenten Atatürk die Türkische Sprachgesellschaft gegründet. Sie löste die türkische Sprache von einer Vielzahl von arabischen und persischen Wörtern. Sie erforschte alte Texte, Dialekte und andere türkische Sprachen, um das fremde Vokabular zu ersetzen. Einige der nationalistischen Puristen schossen über das Ziel hinaus, aber die Gesellschaft erreichte ihr eigentliches Ziel. Die Schriftsprache wurde an das tatsächlich gesprochene Türkisch angepasst, vereinfacht und damit zu einem Instrument gemacht, das den modernen Anforderungen von Technik und Wissenschaft entspricht.[7] Am 9. Juli 1933, als sich herausstellte, dass es nicht einfach werden würde, für alle im Türkischen verwendeten arabischen und persischen Wörter einheimische Entsprechungen zu finden, teilte die Zeitung *Hakimiyet-i Milliye* mit, dass die unter den Menschen gängigen Wörter, unabhängig von ihrer Herkunft, als türkisch angesehen werden sollten.[8] Der erste türkische Sprachkongress, *Birinci Türk Dili Kurultayi* fang vom 26. September bis zum 5. Oktober 1932 statt. Von den rund dreißig Vorträgen, die im Kongress gehalten wurden, befassten sich neun mit den Beziehungen zwischen der türkischen und den anderen Sprachen. Sie besagten, dass Türkisch eine indogermanische Sprache ist. Es wurde eine Abteilung für Philologie und Sprachwissenschaft eingerichtet, die für den Vergleich zwischen Türkisch und den ältesten

---

[5] Vgl.: Stanford J. Shaw, History of the Ottoman Empire and modern Tukey. Reform, Revolution and Republic, The Rise of Modern Turkey 1808-1975, Cambridge u.a. 1977, S. 376.
[6] Vgl.: Dietrich Gronau, Mustafa Kemal. Oder die Geburt der Republik, Frankfurt am Main 1994, S. 246.
[7] Vgl.: Johannes Glasneck, Kemal Atatürk und die moderne Türkei, Berlin 1971, S. 242.
[8] Vgl.: Geoffrey L. Lewis, The Turkish language reform. A Catastrophic success, Oxford 1999, S. 46f.

türkischen Sprachen, wie Sumerish und Hethitisch, sowie den Sprachen indoeuropäisch und semitisch zuständig ist.[9] Am Abend nach dem Ende dieses Ersten Kongresses herrschte große Euphorie an Atatürks Tisch. Er selbst sagte, dass sie den Osmanen besiegen werden und Türkisch eine Sprache sein würde, die so frei und unabhängig wie die türkische Nation werde, und mit ihr würden sie auf einen Schlag in die Welt der Zivilisation eintreten.[10] Viele Menschen setzten sich mit viel Begeisterung für diese Aufgabe ein. 1934 legte Saim Ali im zweiten Kongress ein Papier vor, in dem er eine Verbindung zwischen der türkischen und der westeuropäischen Sprache herzustellen versuchte. Auch andere Produkte der gleichen Stimmung wurden auf diesem zweiten Kongress ausgestellt. Nazim Hazim stellte ein Papier über die Beziehung zwischen Türkisch und der semitischen Sprache vor, nachdem er zuvor einen Artikel mit dem Titel *How Turkish Roots Gave Birth to Arabic* veröffentlicht hatte.[11] Auf dem dritten Kongress im Jahr 1936 ging Hazim speziell auf die Beziehung zum Arabischen ein, diesmal im Licht der Sonnensprachtheorie. Diese Theorie besagte, dass alle Rassen und Sprachen der Welt auf den türkischen Urmenschen und seine prototürkische Sprache zurückgehen. Als Atatürk jedoch am 10. November 1938 plötzlich verstarb, endete auch die Verbreitung und die Bedeutung der Sonnensprachtheorie, da sie eng mit seiner Person verbunden war.

Die Einführung des lateinischen Alphabets und die darauf folgende Alphabetisierung führten zu einem deutlichen Anstieg der Zahl derer, die Lesen und Schreiben konnten. Sie stieg von rund acht Prozent im Jahr 1928 auf über 20 Prozent im Jahr 1935 und zum Ende des Zweiten Weltkrieges bis auf 30 Prozent.[12]

4. Die Wiedereinführung des Osmanischen als Hilfssprache

Um die Traditionen der osmanischen Sprache und damit das traditionelle türkische Kulturerbe am Leben zu erhalten, bildete die Einführung des Osmanischen in Schulen und Universitäten als Unterrichtsfach die Hauptstütze.[13] Ihre jahrhundertelange gemeinsame Tradition zwang die Staatsführung und die Völker Anatoliens unter den Bedingungen der modernen Welt eine gemeinsame Zukunft zu schaffen. Dies lässt darauf schließen, dass die Weitsicht eines Volkes eng mit seinem kulturellen Erbe verbunden ist. Demnach könnte das Osmanische der heutigen Türkei eine große Vision bieten. Die osmanisch-türkische Sprache

---

[9] Vgl.: Ebda., S. 47.
[10] Vgl.: Ebda., S. 48.
[11] Vgl.: Ebda., S. 47.
[12] Vgl.: Feroz Ahmad, The making of modern Turkey, London 1993, S. 82.
[13] Vgl.: Bayraktarli, Die Türkei, S. 267.

läuft heute Gefahr zu sterben. Deshalb ist es auch nicht verwunderlich, dass das Osmanische mit seiner arabischen Schrift und seinem gemischten Wortschatz für heutige Lesende nur schwer zugänglich ist. Die Schwierigkeit liegt darin, dass die Kompaktheit der osmanisch-türkischen Schrift und Sprache mit verschiedenen ethnischen Gruppen und sogar Nationen unvereinbar ist, insbesondere wenn die Schaffung eines konzeptuellen Nationalstaates das einzige Ziel war. Eine osmanisch-türkische Kultur gib es für die türkische Bevölkerung heute nicht, weil sie die osmanisch-türkische Zeit als eine Zeit des tausendjährigen Kriegs und der Harems empfindet.[14]

Der Lateinunterricht der westlichen Welt ist ein gutes Beispiel, jungen Menschen die osmanische Sprache näherzubringen. Natürlich hat das Osmanische in der türkischen Welt nicht unmittelbar die gleichen Auswirkungen wie das Lateinische auf die westliche Welt. Es ist auch keine Sprache im eigentlichen Sinne, sondern es stellt ein Mittel und ein Weg in die Vergangenheit dar. Was Latein für die westliche Wissenschaft darstellt, ist Osmanisch für das Studium der türkischen Vergangenheit. Sollten Wissenschaftler einfach akzeptieren, dass die Türkei schriftlosen Staaten weiterhin ohne Literatur existiert, oder sollten sie sich im Sinne einer vollständigen Wiedererlangung des alten Wissens wieder mit dem vor hundert Jahren enteigneten islamischen Kulturerbe des Nahen Ostens vertraut machen? Viele Schriftsteller und Wissenschaftler haben dieses Problem verstanden und propagierten seit langem, dass das Osmanisch-Türkische nach einer bestimmten, gut praktizierten Methodik an Schulen und Universitäten eingeführt werden müsse. Metin Kunt sagte, „soll in Gymnasien Osmanisch gelehrt werden? Die Frage werde ich ohne Zögern mit „ja" beantworten. Ja, Osmanisch ist nichts anders als die türkische Sprache, die mit der arabischen Schrift geschrieben wurde".[15] „Für Ali Gevgili ist Osmanisch nichts anderes als die ägyptischen Hieroglyphen für die neue Generation, wenn die Schrift- und Sprachpolitik so wie bis jetzt weitergeführt wird".[16] Atilla Ihlan sagte, „wenn dieser Schritt nicht getan wird, wird dann in der Türkei der Zustand erreicht, dass die Türken in 20 Jahren von ihrer Vergangenheit nichts mehr lesen können. Und die Türkei wird entweder Türkei oder sie wird nicht mehr existieren".[17]

---

[14] Vgl.: Ebda., S. 269.
[15] Ebda., S. 270.
[16] Ebda., S. 270.
[17] Ebda., S. 271.

5. Zusammenfassung

In der Türkei wurde am 12. Juli 1932 die Türkische Sprachgesellschaft gegründet, um die Standardisierung und Normierung der jeweiligen Sprache zur Landessprache zu fördern. Die Sprachen und die respektiven Schriften waren meist ein Instrument der politischen Herrscher und auch ein Forschungsgegenstand. In diesem Zusammenhang wurde die lateinische Schrift weltweit am meisten verwendet.

Die türkische nationale Identität, die dank der Verwestlichungstendenzen ihr türkisches Selbstwertgefühl verlieren könnte, erregte bei den Politikern keine Besorgnis, obwohl ‚Identität' laut Ziya Gökalp wörtlich eine völlige Übereinstimmung zwischen einem Individuum und seiner Nation bedeutet.[18] Es sollte keinen ersichtlichen Teil von ihm im Bild fehlen, aber das würde möglicherweise einen Identitätsverlust oder eine Fehlidentität herbeiführen. Die türkische Identität muss sich als fähig erweisen, sich von anderen Persönlichkeiten oder Nationen zu unterscheiden.

Nach der Annahme des Islams durch die Osmanen, die späteren Türken, hatte sich neben Arabisch als Sprache des Korans auch die arabische Schrift allmählich im Türkischen etabliert. Ein Jahrtausend später wurde diese Schrift nach der Gründung der neuen Republik Türkei aufgegeben und das Alphabet vom arabischen zum lateinischen geändert. Dieser Wechsel dauerte nur drei Monate. Die Schriftrevolution in der Türkei bestimmte die äußere Veränderung, die direkt zu intellektuellen Umwälzungen in der türkischen Gesellschaft führte. Eine der ersten Institution für Sprachforschung und -erhaltung war die TDK (Türk Dili Kurumu), die Gesellschaft der türkischen Sprache.

Trotzdem hat sich die türkische Sprache durch die gewagte politische Entscheidung von 1928, durch die Forschungsarbeit der TDK und mithilfe individueller Personen zu einer ausgereiften Sprache entwickelt. Es ist davon auszugehen, dass das lateinische Alphabet für Türkisch besser geeignet ist als die arabische Schrift und dass der Entwicklungsprozess des Türkischen durch die lateinische Schrift beschleunigt wurde.

Heute geht es darum, was mit dem tausendjährigen kulturellen Erbe geschehen wird. Eine Spur der Entfaltung kann nur durch Reflexion über die eigene Kultur erreicht werden. Dies kann nur erreicht werden, wenn die osmanische Schrift und Sprache dem Volk als die einzigen Kommunikationsmittel zur Verfügung stehen. Die Lektüre des Heiligen Buches, der Religionsunterricht und die Erforschung der Literatur, die das arabische Alphabet verwendet, zwingen die Forscher, endlich eine grundlegende Lösung zu finden. Da sich die Türkei wie

---

[18] Vgl.: Ebda., S. 107.

schon vor 1928 in einem kontrastierenden Zustand befindet, könnte eine neue Sprachpolitik durch die Wiedereinführung der osmanischen Schrift als Hilfsalphabet in Schulen und Universitäten helfen.

Das einzige Ziel der Revolutionäre war es, das Land aus der orientalischen Kultur herauszureißen und in die westliche Kultur einzubetten. Die Folgen dieser Verwestlichungspolitik, die das türkische Volk grundlegend veränderte, setzten sich fort, was wiederum den breiten Bevölkerungsschichten keine sichtbaren Verbesserungen brachte, sondern nur den Verlust ihres kulturellen Erbes.

Literaturverzeichnis

Ahmad, Feroz, The making of modern Turkey, London 1993.

Bayraktarli, Ihsan Yilmaz, Die Türkei im Umbruch. Schrift und Sprache als nationalistisches Politikum in der türkischen Revolution, Frankfurt am Main 2019.

Benoist-Mechin, Jacques, Mustafa Kemal. Begründer der neuen Türkei, Düsseldorf 1955.

Glasneck, Johannes, Kemal Atatürk und die moderne Türkei, Berlin 1971.

Gronau, Dietrich, Mustafa Kemal Atatürk. Oder die Geburt der Republik, Frankfurt am Main 1994.

Hachtmann, Otto, Europäische Kultureinflüsse in der Türkei. Ein literargeschichtlicher Versuch, Berlin 1918

Lewis, Geoffrey L., The Turkish language reform. A catastrophic success, Oxford 1999.

Sahinler, Menter, Kemalismus. Ursprung, Wirkung und Aktualität, Anadolu 1997.

Shaw, Stanford J., Reform, revolution and republic. The rise of modern Turkey, Cambridge u.a. 1997.

BEI GRIN MACHT SICH IHR WISSEN BEZAHLT

- Wir veröffentlichen Ihre Hausarbeit,
  Bachelor- und Masterarbeit

- Ihr eigenes eBook und Buch -
  weltweit in allen wichtigen Shops

- Verdienen Sie an jedem Verkauf

Jetzt bei www.GRIN.com hochladen
und kostenlos publizieren